AF359488

CONSIDÉRATIONS GÉNÉRALES

SUR LA

MARÉCHALERIE,

SUIVIES

D'UN EXPOSÉ

DE LA MÉTHODE

DE FERRURE PODOMÉTRIQUE

A FROID ET A DOMICILE,

PAR M. RIQUET,

Vétérinaire en 1er au 5e Régiment de Dragons, et Chevalier
de la Légion-d'Honneur.

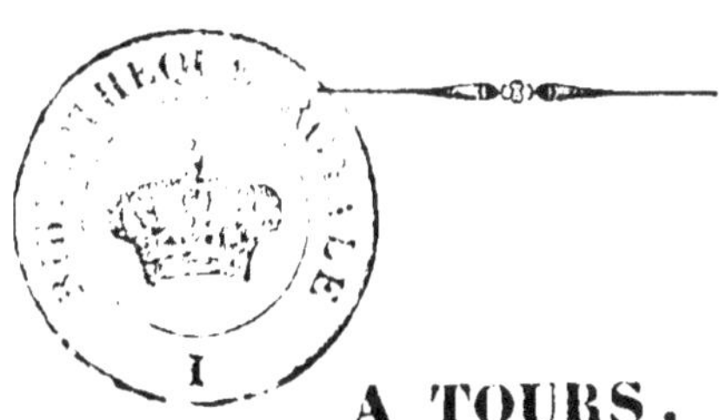

A TOURS,

IMPRIMERIE DE Ad MAME ET Cie.

1840

INTRODUCTION.

Beaucoup d'auteurs ont publié des ouvrages plus ou moins remarquables sur la maréchalerie; chacun selon sa spécialité a traité, ou de la structure anatomique du pied, ou de la semelle en fer destinée à protéger cet organe, ou des actions nombreuses qui constituent l'opération de la ferrure en général.

La haute réputation de ces auteurs, leur talent, leur mérite donnant force de loi aux systèmes qu'ils ont imaginés, nous nous serions abstenus d'aborder cette matière si nous n'avions à faire connaître à notre tour, et dans l'intérêt de l'art vétérinaire, la découverte d'un nouveau procédé de ferrure.

Dans l'ouvrage que nous publions, autant pour l'avantage de l'homme de cheval, que pour celui du praticien, nous avons cru devoir donner un aperçu des progrès de l'art du maréchal ferrant depuis son origine jusqu'à nos jours ; conduits ensuite à l'examen de la maréchalerie chez les différentes nations, nous terminons par l'exposé du procédé de ferrure podométrique, qui fait connaître les avantages assurés désormais au cheval par la ferrure.

MARÉCHALERIE.

APERÇU HISTORIQUE SUR L'ART DU MARÉCHAL FERRANT.

ORIGINE. — Les traditions les plus anciennes font remonter la naissance de la maréchalerie bien avant dans les siècles écoulés ; cependant quelques auteurs s'accordent à dire que cet art ne date que de la fin du cinquième siècle, époque de l'invasion du midi de l'Europe par les hordes barbares sorties des contrées bornées par la mer Noire (Pont-Euxin), le Don (Tanaïs), la Vistule, la mer Baltique, le Weser et le Danube.

Quoi qu'il en soit, nous devons classer en quatre époques principales les progrès faits dans cette branche de l'art vétérinaire.

1re *Époque*. Elle comprend les temps anciens, où Homère, Xénophon, Suidas, Collumele, Théomneste, Catulle, Pline, Suétone, Appien et Végèce nous indiquent dans leurs ouvrages les moyens mis en usage de leurs jours pour protéger le pied du cheval. Ces moyens ont conduit à la découverte de la ferrure à clous.

Homère (prince des poëtes) décrit le premier dans

l'Iliade, les chevaux du char de Jupiter (1), et ceux du char de Neptune (2), dont les pieds, dit-il, étaient d'airain. Nous devons penser que, par cette expression, il a voulu faire allusion à la dureté de l'ongle du cheval, qui, dans ces temps reculés et dans certaines races, devait être plus grande que celle du sabot des chevaux de nos jours. Alors on recherchait déjà la dureté de l'ongle comme une qualité précieuse.

Xénophon, dans l'exorde de son traité d'équitation, fait mention du célèbre écuyer Simon, qui érigea dans l'Eleusinium un cheval d'airain sur la base duquel furent gravés les noms de ses ouvrages. « Simon, dit » Xénophon, nous apprend qu'on reconnaît la bonté du » pied du cheval au son qu'il rend dans sa battue sur » un terrain dur. Il a raison, car la corne, lorsqu'elle est » creuse, doit résonner contre terre comme une cimbale. » — Les ouvrages de ce capitaine de la Grèce nous font clairement voir que la ferrure à clous était inconnue, car, après avoir décrit les qualités de la corne, les moyens de la durcir et ceux de guérir ses altérations, il se borne dans le récit de ses voyages à indiquer comment on protégeait le pied des chevaux et des chameaux employés aux transports des munitions, machines et armes de guerre, avec des *Embatai*, ou des *Carbatinai* en peau de bœuf; sorte de chaussure imitée de celle des soldats de la Grèce. Xénophon n'eût certes pas négligé de faire mention de la ferrure à clous si elle eût été connue.

(1) Iliade, livre XIII, vers 23ᵉ.
(2) Iliade, livre VIII, vers 4ᵉ.

Selon Suidas, Apsyrte vient corroborer cette opinion en nous disant : « que les courroies et les cordes, dont » étaient garrotés les jambes des chevaux chaussés » comme l'indique Xénophon, causaient de si graves » blessures que ces sortes de guêtres n'étaient mises en » usage qu'à la dernière extrémité. » Déjà à cette époque la dureté du sabot de l'âne et du mulet faisait préférer leurs services à ceux du cheval, parce que l'usure de l'ongle était moins prompte, et que la corne résistait mieux aux fatigues de la marche. Cette assertion achève de prouver que la ferrure à clous n'était pas pratiquée en Grèce.

Collumele, contemporain d'Auguste et Théomneste, attaché aux armées de l'empire d'Orient, parlent du *Sparcia-Spartœa* (1) fixé au pied du cheval.

Catulle, Pline, Suétone, Appien, nous disent dans leurs ouvrages que les semelles métalliques protégeant les pieds des mules de Poppée, femme de Néron, étaient en or, en argent, ou seulement dorées, sans spécifier comment cette semelle était fixée.

Végèce signale la *Soléa-Spartœa* (2), dont l'usage était connu de Xénophon. Collumele, Théomneste et Végèce, hippiatres dont les ouvrages sont arrivés jusqu'à nous, parlent des blessures produites par les courroies de la guêtre en peau de bœuf, des moyens de les guérir, et recommandent, dans le choix des chevaux, d'observer que le sabot soit haut, concave à sa face plantaire, rond et dur. Si la ferrure à clous eût été pra-

(1) Bracy-Clarck.
(2) Bracy-Clarck.

tiquée de leur temps, ils n'auraient pas négligé de la décrire.

2me *Époque*. Comme on le voit, inconnu des Grecs et des Romains, l'art de ferrer les chevaux, selon toutes les probabilités, a surgi du renversement du vaste empire de Rome (vers l'an 450 après Jésus-Christ).

En effet, l'histoire nous apprend qu'habiles à travailler le fer, les Goths importèrent cet art encore grossier en Italie d'abord, dans les Gaules ensuite, d'où il passa par l'effet des invasions en Espagne et dans les îles britanniques. Plus tard enfin, franchissant la Méditerranée, il arriva en Asie et en Afrique. L'habitude de façonner le fer pour les différents besoins de l'homme fit surgir l'idée de remplacer par la chaussure à demeure, celle qu'on employait accidentellement depuis longtemps, et que les moyens de la fixer au pied du cheval rendaient trop incommode.

La première indication précise que nous ayons de la ferrure à clous se trouve consignée dans la tactique militaire de l'empereur Léon VII, qui, au neuvième siècle, régnait à Constantinople. Ce pontife philosophe décrit les fers et les clous qui les fixent au pied du cheval.

Le père Daniel (1), signalant les progrès en maréchalerie, nous apprend que de son temps en France les chevaux n'étaient ferrés qu'en hiver.

La maréchalerie ne fut introduite en Angleterre, venant de France, qu'au onzième siècle, par Guillaume le Bâtard, surnommé le conquérant. Simon Saint-Litz, l'un de ses Normands, reçut de Guillaume le canton de

---

(1) En 1018.

Falkley et la ville de Northampton pour lui fournir les fers nécessaires à chausser ses chevaux (1).

D'après ce que nous disent les auteurs de ces différentes époques, l'on n'a donc possédé longtemps que des procédés peu commodes pour protéger le sabot du cheval.

Les chroniques des peuples anciens, celle du moyen-âge, nous prouvent que c'est particulièrement aux armées qu'étaient appréciés les avantages des moyens en usage pour garantir le pied du cheval de l'usure et des accidents ; cette nécessité ne pouvait, en effet, se faire plus impérieusement sentir que dans les circonstances de guerre. Nous voyons plus tard que tous les progrès en maréchalerie ont été marqués assez ordinairement par des hippiatres appartenant ou ayant fait partie de la classe des militaires.

3ᵐᵉ *Époque*. Pendant longues années l'on étudia les nombreuses maladies du pied causées par la semelle en fer. L'on signala d'abord les plus graves, en donnant les moyens plus ou moins rationnels d'y apporter remède ; mais, livrée à l'empirisme et à la routine, la maréchalerie resta comme dans l'enfance jusqu'au moment où quelques hippiatres exposèrent les préceptes raisonnés de la ferrure. De ces recherches naquirent les différentes méthodes de ferrure à clous encore en usage.

La citation de quelques passages de ces auteurs suffira pour faire voir combien ces procédés de ferrure sont vicieux, et entraînent de funestes conséquences, combien enfin est importante la découverte qui marque aujourd'hui une nouvelle époque.

(1) En 1066.

Bourgelat (1) donne les recommandations suivantes :
« L'aide lèvera le pied, et l'ouvrier présentera sur cette
» partie le fer légèrement chauffé; il ne l'y laissera pas
» longtemps à l'exemple de ceux qui, consumant par ce
» moyen l'ongle, pour s'épargner la peine de le parer,
» affament sans considération tous les pieds qu'on leur
» confie. »

« Lafosse (2), s'exprime ainsi : Une habitude qu'il
» faudrait détruire, c'est celle qu'on a, pour attendrir
» la corne, de se servir d'un fer rouge avec lequel on
» brûle cette sole, afin que le maréchal et le palefrenier
» aient moins de peine, l'un à parer, l'autre à tenir le
» pied. »

Brugnone (3) se récrie ainsi à l'égard de l'apposition du
fer chaud sur le pied : « Par l'action du fer chaud sur le
» pied, la corne se déssèche, se détériore, les quartiers
» rentrent, l'encastellure se développe, l'ongle s'amaigrit
» et les genoux deviennent arqués. »

Huzard (père) (4), blâme en ces termes l'action du
» calorique sur le pied : « Il ne faut pas non plus appli-
» quer le fer chaud sur le pied, et encore moins l'y
» appliquer rouge, pas même en prenant la mesure,
» parce que l'on peut brûler la sole, et que cette mé-
» thode rend la corne cassante, etc. »

Réchard-Lawrence (5) dit : « Il ne sera toléré en
» aucune circonstance que le fer soit pressé chaud sur

(1) Traité sur la ferrure, page 103, Paris 1771.
(2) Chapitre 21, de la ferrure, Paris 1786.
(3) Ferrure des chevaux, Turin 1781.
(4) Traité des haras, Paris 1788.
(5) Ferrure du cheval, Birmenghem 1806.

» le pied , parce que le calorique consume le fluide
» naturel de la corne , en obstrue les pores , la rend cas-
» sante et l'empêche de recevoir les clous, etc. »

Bracy-Clarck , (1) portant son attention plus particulièrement sur la déformation du pied , par l'effet de sa
ferrure et faisant abstraction des pernicieux effets du
calorique sur la corne, parce qu'il n'admet que la ferrure à froid , s'exprime ainsi : « Les pieds qui sont soumis
» à la ferrure , privés par le fait du fer des mouvements
» que la nature les avait destinés à remplir, se serrent,
» s'atrophient en partie, pour ainsi dire, et se dété-
» riorent de différentes manières. »

Girard (père) (2), en décrivant les effets de la ferrure,
ajoute : « Les inconvénients qui peuvent être le résultat
» des mauvaises ferrures sont incalculables : les membres
» dont les pieds sont mal ferrés se ruinent, se dété-
» riorent, deviennent en proie à des maladies graves,
» qui se compliquent de plus en plus, et finissent par
» rendre le cheval incapable de travailler. »

Goodwin (3), signalant les effets du calorique sur le
pied et l'abus qu'en font les ouvriers , ajoute : « Afin
» d'amollir la corne et de l'enlever plus aisément à l'aide
» du couteau , on prend dans le foyer une pellée de
» charbons ardents qu'on tient près de la base du pied
» pendant quelques minutes ; cette pratique atteint sans
» doute le but que se proposent les maréchaux , mais on
» ne saurait trop la blâmer à cause de ses funestes résul-
» tats. »

(1) Structure du sabot du cheval, page 154, 1816.
(2) Traité du pied, page 24, Paris 1813.
(3) Guide du vétérinaire-maréchal, page 81, Carlton 1824.

Havoux (1) recommande à ses élèves : « de ne laisser
» jamais le fer chaud longtemps sur le pied , afin de ne
» pas introduire une trop grande quantité de chaleur,
» qui pourrait brûler la sole. »

Ces Hippiatres reconnaissent donc les vices de la ferrure à clous pratiquée à chaud ou à froid ; aucun d'eux ,
malgré son talent et ses lumières , n'a pu réussir à arrê-
ter les effets pernicieux de la ferrure par tâtonnements,
et ceux qu'exerce principalement sur le pied l'influence
du calorique. Les accidents que déplorent ces auteurs
révèlent l'importance de la découverte qui met à l'avenir
le pied du cheval à l'abri des ferrures vicieuses ; car
le cheval n'a plus à redouter les conséquences de l'apposition du fer brûlant sur le pied , puisqu'on ferre à
froid ; ni les accidents occasionnés par une chaussure hors
de rapport avec le pied , puisque le fer est façonné d'après
les dimensions naturelles. L'histoire de la maréchalerie
ancienne et moderne nous fait voir que l'expérience a
fait justice des essais plus ou moins ingénieux par lesquels Maurice de Saxe, Goodwin , et l'auteur de l'*Hip-
posandale* avaient voulu, à diverses reprises, réformer
la ferrure à clous, soit en recourant aux procédés connus des grecs et des romains , soit en présentant d'autres
moyens marqués au cachet de l'imperfection. Les annales
vétérinaires et l'expérience nous prouvent depuis longtemps que la ferrure à clous a été reconnue la meilleure,
et qu'on la modifie de diverses manières en l'appliquant
à froid ou à chaud.

1re *Époque.* Les observations recueillies pendant plu-

(1) Manuel de maréchalerie, page 44, Saumur 1836.

sieurs années ; des expériences raisonnées ayant prouvé que la ferrure par tâtonnement pouvait être remplacée par un procédé imité de celui employé par l'ouvrier qui chausse le pied de l'homme, l'art vétérinaire a doté la maréchalerie d'un instrument ingénieux et simple à l'aide duquel l'ouvrier obtient sur nature le patron du pied de cheval qu'il doit ferrer, compare avec le patron le fer qu'il façonne, et se dispense d'apposer le fer brûlant sur l'ongle. Cette découverte proscrit réellement la ferrure à chaud, perfectionne le mode de ferrure à froid, abrège les opérations, et assure ainsi l'infaillibilité de l'ouvrier, dont le coup d'œil trop souvent imparfait exposait auparavant le cheval à des conséquences trop graves.

MÉTHODE DE FERRURE A CLOUS, A FROID ET A CHAUD.

Procédé de ferrure des Arabes, en Asie et en Afrique.

La nature tantôt sablonneuse, tantôt argileuse du sol de l'Arabie et de l'Afrique centrale, rend inutile dans certaines contrées la précaution de ferrer les chevaux.

La maréchalerie des Arabes, de l'Asie, est encore dans l'enfance ; celle des Maures, en Afrique, n'est guère plus avancée; ceux qui viennent au Sénégal, fixent aux pieds de leurs chevaux, au moyen de clous, une plaque de fer très-malléable, de l'épaisseur de deux ou trois millimètres, découpée sur les dimensions de la face plantaire du sabot, et percée dans son centre d'une ouverture irrégulière. Cette espèce de fer porte six étampures, vers le bord extérieur (1).

Quels que soient les moyens de préparation et la forme de cette plaque métallique, le fer est toujours forgé à chaud et façonné sur l'enclume. L'ouvrier opérant par tâtonnement n'a aucune facilité pour prévenir ou réparer ses erreurs et ses fautes; la méthode de ferrure pratiquée par les Maures réunit donc tous les inconvénients de la ferrure à froid.

En Algérie, l'Arabe fait choix du fer le plus doux et le plus malléable qu'on apporte d'Espagne ou de France. Le maréchal chauffe le fer au charbon de bois, le forge, l'ajuste à chaud et ferre le pied à froid; le prix d'un fer ajusté est de 1 franc de notre monnaie. L'Arabe ferre seul, la plupart du temps le maréchal ne s'occupe que de choisir le fer qui convient au pied, et de l'ajuster, il laisse aux cavaliers le soin de le fixer.

Le fer est carré, en pince, à éponges rentrées, et non soudées comme dans le fer à planche. Les étampures, au nombre de six seulement, sont distribuées sur chaque bord externe des branches. L'ajusture est disposée en sens contraire à celle des fers français, c'est-à-dire qu'au lieu d'opposer au sol une convexité,

____

(1) Observations recueillies par M. Huzard fils, sur des caravanes de Maures descendues à Podor, lors de son voyage au Sénégal.

le fer présente une concavité analogue à celle de la face plantaire du sabot vers le bord inférieur de la paroi. Le fer alors porte sur cette partie et sur celle de la sole qui l'avoisine. Le pied est paré à l'aide d'un couteau ayant de l'analogie avec le couteau anglais, *Dragwin-knife*, et d'une serpe semblable à celle dont se servent nos sabotiers de France; il ne l'est jamais à fond; l'ouvrier ou l'Arabe qui ferre le cheval laisse toujours un excédent de corne sur le pourtour de l'ongle. Lorsque le fer est fixé, il place le pied sur un billot et au moyen de la serpe, abat la partie de la paroi qui, au-dessous des rivets, déborde le fer; celui-ci alors ne garnit nulle part. Les pieds de derrière sont rarement ferrés. Cette ferrure dure environ deux ou trois mois, les clous sont à lames épaisses, à grosse tête comprimée des deux côtés, n'entrant point dans les étampures; les rivets des clous ont une longueur de cinq millimètres au moins (1).

Il résulte de ce mode de ferrure que, par la disposition du fer en pince, la partie correspondante de l'ongle est affaiblie plus sensiblement que sur le reste du pourtour inférieur de la paroi; que les dernières étampures du fer, vers les éponges, étant d'ordinaire pratiquées trop près des talons, les clous brochés sur ces parties nuisent au jeu que les talons doivent toujours conserver; que la disposition de l'ajusture, si elle offre quelques avantages pour la marche sur le sable, sur des terrains d'une surface irrégulière, tout en imitant la disposition donnée

(1) Observations extraites du recueil de Médecine-Vétérinaire, juin 1840, et notes envoyées de Constantine, par M. Riquet aîné, vétérinaire au 3ᵉ régiment de chasseurs d'Afrique.

par la nature au glacis de la sole, expose cette partie, par une compression continuelle, à des accidents graves, et d'une cure difficile. Enfin il résulte de l'ablation des parties excédentes de la corne, après que le pied est ferré, que le fer étant trop petit pour le pied, les tissus intérieurs souffrent, et que l'organe entier doit à la longue s'atrophier.

Procédé de ferrure des Espagnols.

Quelque grand que soit le degré de malléabilité du fer répandu dans le commerce, c'est à tort qu'on a prétendu que les maréchaux espagnols forgeaient les fers des chevaux à froid. Le motif qui a dicté cette opinion à ceux qui l'ont exprimée n'est pas fondé. Ce qui les a induits en erreur, c'est que le praticien espagnol des grandes villes et celui des lieux très-fréquentés, quand les bras lui manquent, ou s'y prend à l'avance pour s'approvisionner de fers, on recourt aux grands usines de la Biscaye pour se pourvoir de ceux qui lui sont nécessaires ; dans tous les cas, les fers, bruts, livrés par douzaines, étampés et prêts à être ajustés, sont classés d'après leurs dimensions dans l'atelier du maréchal. Les branches et les éponges de ses fers, sont disposés en les forgeant de manière à dispenser l'ouvrier de les ouvrir ou de les fermer. Les maréchaux espagnols sont dans l'habitude, il est vrai, d'ajuster les fers à froid à cause de la malléabilité de ce métal, et des dispositions particulières qu'ils donnent aux bords extérieurs de cette chaussure; c'est sans doute ce qui a porté les observateurs qui n'ont pas cherché à approfondir ces motifs à en induire que l'ouvrier forgeait entièrement le fer à froid (1).

Les étampures du fer sont primitivement plus éloignées du bord externe que dans les fers établis à la manière française, c'est-à-dire qu'ils sont étampés plus gras. L'opération de l'ajustage consiste seulement à refouler à froid sur la bigorne le bord externe du fer, de façon à y élever une bordure d'environ deux à trois millimètres; ce travail ramène alors les étampures dans la position convenable. Le fer forme en quelque sorte un soulier dans lequel se loge le pied; cette circonstance nous explique l'origine des nombreuses maladies causées par la compression des parties intérieures et extérieures de cet organe (2), outre qu'elle expose le cheval à se couper en marchant, puisque le fer déborde, ou garnit trop, en dedans, par la rive inférieure externe.

Ce manuel est donc loin d'atteindre son but, puisqu'il occasionne des affections pathologiques plus graves que celles résultant des brûlures, lors de la pratique de la ferrure à chaud des autres nations.

En Espagne, les chevaux sont toujours conduits à la forge pour y être ferrés.

(1) Renseignement obtenu à Paris, auprès de M. Dufourc (Antoine, premier maréchal de la maison du prince François de Paule, grand d'Espagne.

(2) Bleimes, seymes, abcès à la pince, encastellure, atrophie du pied.

La grande quantité des fers bruts, forgés à l'avance, et en réserve dans l'atelier du maréchal espagnol (1), permet de trouver facilement dans le nombre ceux qui se rapportent le mieux avec les pieds à ferrer. L'ouvrier a donc peu de chose à faire pour les disposer convenablement avant de fixer ces fers.

Les chevaux Espagnols ont généralement la corne bonne, et d'excellents pieds lorsqu'ils reçoivent la première ferrure, mais bientôt surgissent avec celles qui succèdent toutes les anomalies et tous les accidents qui, par l'effet de la compression, en altèrent la forme primitive et la nature intime.

Procédé de ferrure des Anglais.

Nous empruntons à Goodwin, la description des procédés de ferrure employés en Angleterre (2).

(1) Chaque maréchal a toujours un approvisionnement de trois à quatre mille fers prêts à être ajustés. Ces ateliers de maréchalerie peuvent être comparés aux magasins de chaussure pour hommes et pour femmes de nos cordonniers et bottiers de Paris ou des grandes villes, où l'on chausse immédiatement les personnes qui s'y présentent pour ce motif.

(2) Guide du Vétérinaire et du Maréchal, par Goodwin, Carlton 1824, traduit de l'Anglais, par MM. O. et B., chapitre 14, page 79, Paris 1827.

« Il serait inutile de vouloir donner des détails sur
» les différentes manières de ferrer, suivies dans ce pays
» (*Angleterre*) ; il n'y a pas deux forges dont les méthodes
» sont semblables.

« La grossièreté de notre ferrure prouve que le hasard
» y préside plus que l'attention. Le fer consiste simple-
» ment dans une bande de même métal, percée par inter-
» valles, assujettie au pied sans ordre et sans méthode.
» Il existe cependant plusieurs forges à Londres, qui ont
» un système à elles; mais dans celles-ci comme dans
» toutes celles que j'ai vues, ou dont j'ai entendu parler
» en Angleterre, on se sert d'un fer tout à fait perni-
» cieux. »

« C'est une pièce en fer, plate, forgée à la forme du
» pied, variant dans sa longueur, tantôt plus longue,
» tantôt plus courte que les talons ; elle a une rainure
» tout autour du bord externe de sa face inférieure (ou
» du côté de la terre), où sont percées quatre étampures
» aussi rapprochées de la rive extérieure que sa construc-
» tion le permet; celles-ci sont également compassées
» entre elles, laissant un espace vide vers les éponges et
» une grande distance entre les derniers clous et la ter-
» minaison du fer. »

« La face inférieure est convexe. La rive interne,
» quand le pied est à terre, est la partie la plus basse,
» et de celle-ci à la rive extérieure, le fer décrit une sur-
» face plane inclinée. Ainsi donc le poids tombant direc-
» tement sur la rive interne de la face supérieure, et la
» paroi ne reposant que sur la rive extérieure du fer,
» toute la masse se trouve soutenue par les clous et leurs
» rivets.

« Quoique les fers anglais soient ordinairement con-
» fectionnés d'après cette forme, il est cependant des
» forges où on en aplatit la face inférieure ; ils sont gé-
» néralement plus épais aux éponges qu'à la pince où
» l'on soude quelquefois un morceau d'acier, et les ri-
» ves sont en grande partie, comme disent les maréchaux,
» *sous-martelées (under hammered)* , ce qui rend leur
» face inférieure plus large que le sabot. La face supé-
» rieure, au contraire, est d'une dimension exactement
» conforme au contour du pied ; cette disposition est
» souvent cause que le cheval se coupe. »

« L'ajusture consiste dans un glacis incliné, pratiqué
» dans les deux tiers (antérieurs) de la face supérieure
» du fer, s'étendant de dehors en dedans. »

« Pour parer la face plantaire de l'ongle, l'ouvrier
» tient le pied entre ses genoux ; le boutoir dans presque
» toute l'Angleterre, excepté à Londres et dans son voi-
» sinage, a une large lame, un manche crochu en fer
» enchâssé dans une poignée en bois, dont la tête est
» arrondie. Les maréchaux appuient l'épaule *(aisselle)*
» contre cette tête, et, saisissant le manche, appliquent
» le tranchant au pied du cheval, enlevant, à l'aide de
» l'épaule, toutes les parties de corne susceptibles d'être
» abattues ; mais ils font souvent dans la corne, ainsi
» que dans la chair, des entailles profondes, des bles-
» sures graves et si difficiles à guérir, qu'ils mettent l'a-
» nimal hors de service pour longtemps. »

« A Londres et aux environs l'on a remplacé cet in-
» commode instrument par le couteau (drawing-knife),
» qui sert à fouiller le pied. Il présente une courbure
» retroussée sur son plat ainsi que le couteau de pince

» (toe-knife), qui sert à retrancher la paroi (1). Il arrive
» souvent que la face plantaire étant parée, on râpe l'on-
» gle de manière à y ajuster le fer, quelle que soit du
» reste sa forme. Si le fer se trouve plus petit que le pied,
» on abat la corne avec le couteau de pince et avec la
» râpe jusqu'à ce que le pied et le fer soient en rapport. »

Quelque prônée que soit la méthode de ferrure des
Anglais, on voit, d'après les citations qui précèdent,
qu'en Angleterre les meilleurs systèmes de ferrure sont
loin d'être rationnels, et ce qu'on peut signaler de mieux
dans ce manuel, c'est l'habitude de ferrer seul et l'usage
du couteau, car, dans ce pays comme en France, on
abuse du secours emprunté au calorique, puisqu'on y
ferre à chaud.

En y réfléchissant, on reconnaît facilement que ce
procédé, par les dispositions données au fer, entraîne
des conséquences funestes, viciant les aplombs et hâtant
la ruine des membres.

* * *

Procédés de ferrure des Français.

Sous cette dénomination doivent être compris les systèmes de ferrure consignés dans les ouvrages de maréchalerie qui ont paru en France depuis Bourgelat, et

(1) L'ouvrier se rend à la forge, y prépare le fer, et pendant qu'il est
encore chaud, engageant un débouchoir dans l'une des étampures, il
se transporte auprès du cheval, lève le pied, et y place le fer dessus,

qui, à très-peu de différence près, malgré les perfectionnements introduits dans l'art de ferrer, sont le même manuel que celui pratiqué de temps immémorial dans toute l'Europe.

Soit que l'ouvrier ferre à chaud ou qu'il ferre à froid, le cheval est toujours conduit de l'écurie à la porte de la forge, ou sous un hangard, à portée de l'atelier. Après l'avoir attaché, l'aide-maréchal lui lève le pied, saisissant le membre au pâturon d'une main, l'autre sur un des côtés du pied levé. Il se place alors le corps droit, une jambe tendue, portée en avant, l'autre un peu en arrière et ployée.

L'aide-maréchal ayant levé le pied, celui qui ferre prend le brochoir d'une main, le rogne-pied de l'autre, casse le repli de chaque rivet, afin de pouvoir extraire la lame des clous qui assujettissent le vieux fer. Il introduit ensuite le mors des tricoises sous l'une des éponges, fait un point d'appui sur la sole près des arcs-boutants pour soulever et pour ébranler les clous dont la tête déborde alors à sa surface. Il les arrache les uns après les autres, et quand il a opéré de la même manière sur l'autre branche, il détache le fer en entier.

Le pied étant déferré, on retranche les parties de corne devenues excédentes depuis la dernière ferrure ; le maréchal abat avec le rogne-pied les parties du bord de la paroi où la corne éclate assez souvent et celles de la sole

pour juger des rapports qu'ils ont entre eux. Dans cette apposition, le fer chaud laisse son empreinte sur la face plantaire de l'ongle. D'après ce que dit le même auteur, Guide du Vétérinaire-Maréchal, page 81, le pied est en outre exposé à l'action de la braise dont on l'entoure pour en ramollir la corne avant de la parer. Voir page 10 de notre ouvrage.

qui se détachent par écailles. Armé du boutoir, il appuie l'extrémité du manche de cet instrument (tenu à pleine main) sur la ceinture du tablier à ferrer, l'autre main aide à contenir le sabot; le maréchal enlève par couches minces la corne de la sole et du bord inférieur de la face plantaire de l'ongle; il évite dans cette opération de trop abaisser le quartier interne du pied gauche et le quartier externe du pied droit, défaut qui vient de la difficulté éprouvée par l'ouvrier pour conduire le boutoir quand il coupe la corne dans les quartiers opposés. Les quartiers et les talons doivent être ménagés dans le but de leur conserver la force et le niveau nécessaires, et par cette précaution d'assurer au membre son aplomb.

D'après la conformation de la sole, le maréchal donne au pied, sur la partie de la muraille comprise de la pince aux quartiers, une légère convexité correspondant à l'ajusture du pied.

L'expérience et la raison ont fait consacrer en principe que l'ajusture était subordonnée à la conformation du pied, à l'aplomb du membre, et à son plus ou moins de liberté de jeu dans les allures. Quand le pied est bien conformé, le fer ne porte d'ajusture qu'en pince et un peu en mamelles. Le degré d'ajusture mesuré au-dessus du plan horizontal de la table de l'enclume, quand le fer repose sur elle, doit être égal à une fois l'épaisseur du fer en pince. Quand la conformation du pied est défectueuse, il y a dérogation à cette règle, et le degré d'ajusture est alors calculé d'après celui de l'anomalie de la face plantaire, de l'aplomb du membre et de l'étendue de ses mouvements.

Le fer ajusté et encore brûlant, on le présente sur le

pied pour s'assurer s'il en a bien la tournure. On l'appuie un instant sur la corne, afin qu'il marque la place qu'il doit occuper. Le boutoir sert à enlever la partie de corne torréfiée et achève ensuite d'unir parfaitement la surface plantaire du bord de la paroi qui doit recevoir cette semelle. Dans cette opération, l'ouvrier, jugeant des rapports de dimensions, retourne à l'enclume, ouvre ou ferme les branches du fer selon que le réclame la conformation du pied, enfin, lorsqu'il est en rapport convenable, le fer est plongé dans l'eau pour le refroidir.

En ferrant à froid, c'est-à-dire en n'approchant le fer du pied qu'après qu'il est froid, on évite sans doute la faute grave que commet l'ouvrier lorsqu'il appuie sans discrétion le fer brûlant sur la corne, mais on prolonge les tâtonnements inséparables de la ferrure pratiquée sans le secours d'un instrument comparateur.

Lorsque le fer est prêt à être fixé sur le pied, il reçoit à travers les étampures les clous qui l'attachent sur l'ongle. Les clous sont enfoncés ou brochés à coups de brochoir dans l'épaisseur de la paroi, de manière que les pointes ressortent à une hauteur de quarante à cinquante millimètres. L'excédent de la lance est reployée vers le bord de la paroi, et plus tard avec le mords des tricoises, on en retranche la partie superflue. Ce qui reste de l'extrémité de la lance recourbée, en saillie sur la corne, est rivée pour serrer le fer sur le pied et l'affermir dans sa position. Le coup de rape que le maréchal donne à la corne pour en enlever les bavures, et pour abattre celles des rivets, ne doit pas porter atteinte à la couche de corne lustrée que la nature a placée sur le sabot. Cette couche est destinée à protéger la paroi contre l'excès d'humidité qui tombe sur elle et contre les effets de la sécheresse.

En examinant les actions que l'homme exerce sur le cheval au moral et au physique pendant les opérations de la ferrure, l'observateur déplore les conséquences qui laissent des traces indélébiles de brutalité sur cette noble victime. Pour réduire le cheval à la patience et à l'immobilité, quand tout autour de lui conspire contre son repos, on voit déployer un appareil formidable de tortures que la saine raison aurait dû réformer depuis longtemps.

Si le cheval est docile et patient, il n'est fait usage pour le conduire à la forge, et pour le tenir attaché pendant qu'on procède à la ferrure que du bridon et du licol d'attache; mais, dans le cas contraire, le maréchal emploie avec une progression rapide, et suivant le degré de crainte et d'impatience du cheval, la couverture-bandeau, les lunettes, le tord-nez, le ficelage des oreilles, le mors d'Allemagne, les tenailles et morailles, le caveçon, le travail rapide sur un cercle étroit les yeux bandés, le trousse-pieds, la platte longe, les entraves et lacs, l'étreignement du corps, le stolekos (1) et le travail; enfin l'abattage sur un lit de fumier ou de litière. Les douceurs et les caresses, moyens trop peu énergiques, semblent être inconnues dans l'atelier du maréchal, qui

____

(1) Par stolekos, on entend l'action continue de saccades répétées plus ou moins fort à deux mains avec le bridon sur les barres du cheval pour le faire reculer, et le contraindre ainsi par la fatigue à rester patient pendant qu'on le ferre.

n'use que de moyens violents. On conçoit alors que le
cheval appréhende les abords de la forge toutes les fois
que l'état de son pied réclame une chaussure nouvelle.
L'aspect du tablier, l'approche de l'ouvrier, lui font redouter même l'inspection du pied quand on se dispose à
le prendre pour le lever.

La perplexité du cheval est difficile à peindre, quand
aux premiers mouvements d'hésitation instinctive suc-
cède la douleur causée par les saccades du bridon que
lui donne l'homme qui l'amène à la forge, et que sa
frayeur augmente au bruit ronflant du soufflet, au
timbre de l'enclume; quand les battitures qui jaillissent
du fer en fusion, et l'aspect de la flamme s'élançant du
foyer, font redoubler le tremblement convulsif que lui
cause déjà l'odeur âcre de la fumée de charbon, mêlée à
celle de la corne brûlée tourbillonnant autour de lui. Ce
supplice est complété par les douleurs qui résultent de
l'apposition du fer chaud sur le pied, enfin par les pi-
qûres des clous mal brochés.

A la suite de telles observations il est facile de s'expliquer les causes occultes de certaines claudications lorsque le cheval est de retour de la forge. Ainsi la pression
des tricoises sur les talons lorsque l'on ébranle le vieux
fer, accuse l'origine des bleimes qu'aggravent encore
l'appui des éponges d'un fer mal ordonné, quand cette
extrémité du fer exerce sur les talons une pression
qui se continue jusqu'à la nouvelle ferrure. La pince
tronquée, les talons trop abattus, la sole trop affaiblie
par les actions inconsidérées de la main qui a fait voler
la corne en éclats, sous le rogne et le boutoire expliquent
l'excès de sensibilité et les douleurs qui se font sentir

au pied, lors de ses battues sur un terrain dur, et donnent l'explication des prédispositions qu'a cet organe aux inflammations rapides et fréquentes des tissus renfermées dans la boëte cornée.

Le faux nivellement de la face plantaire du sabot, compromettant l'aplomb régulier et naturel du pied vicie celui du membre entier, et par le tiraillement constant des tendons et des ligaments articulaires nous démontre l'origine des tares et des claudications incurables.

L'apposition du fer brûlant sur l'ongle nous a expliqué le dessèchement de la corne et des tissus intérieurs du pied, la formation et le développement des abcès qui désolent la paroi et la sole, enfin les altérations organiques tellement graves que les efforts de la science sont parfois impuissants pour les combattre.

Cet usage vicieux prouve l'ignorance et la paresse du maréchal, prétendant, sans instrument comparateur, apprécier exactement la coïncidence du fer sur le pied; cherchant à s'éviter la peine des rectifications à opérer sur un fer mal ajusté ou péchant dans le degré de tournure; enfin fixant assez constamment un fer ou trop large, ou trop étroit, ou trop court, ou trop long. Dans ces différents cas, des fausses dispositions d'ajusture et de tournure provoquent la ruine du membre et la mutilation du pied; lors de l'application d'un fer trop petit ou trop étroit, l'ouvrier retranche une grande quantité de corne au bord de la paroi et rapetisse le pied, qui, par ce fait se trouve emprisonné entre les lances des clous et le fer. Ce défaut est très-commun à cause de la prétention qu'ont la majorité des ouvriers de vouloir enjo-

liver le pied. Quand le maréchal fixe sur l'ongle un fer
trop large, il s'expose à piquer le pied en brochant les
clous, par suite des difficultés qu'il éprouve à fixer le
fer (1).

Les vices de ce système de ferrure démontrent combien sont compromises la sécurité de la marche et la
franchise des allures. Car le cheval qui a le pied endo-
lori par l'effet d'une ferrure vicieuse appréhende de fou-
ler le sol.

Vainement le maréchal cherchera à expliquer par
mensonge ou par ignorance à l'homme clairvoyant que
l'animal a besoin de s'asseoir sur sa nouvelle ferrure pendant deux ou trois jours, lorsqu'au sortir de la forge,
on lui demande l'explication des causes de la gêne ou
de la claudication qui se manifeste spontanément (2);
l'examen raisonné du pied ne tarde pas à donner l'explication de ces accidents pathologiques, qui arrachent
le cheval au service alors même qu'on en a le plus de
besoin.

(1) Les maréchaux, dans ces cas, et suivant que le fer est trop étroit
ou trop large, se servent de l'expression brocher à maigre, brocher à
gras, pour indiquer qu'il faut implanter les clous plus ou moins près
du bord externe de la paroi.

(2) Cette opinion erronnée est exprimée par des auteurs dont le mérite pourrait faire consacrer comme principe, un vice que l'on doit
s'efforcer de déraciner. Parmi ces auteurs, nous ne citerons qu'un pas-
sage de Weyrothier, où, dans son *Parfait Écuyer*, imprimé à Bruxel-
les en 1768, il dit page 2, tome 2; de la Ferrure : « Il est bon, le jour
» qu'un cheval est ferré à neuf, de le laisser reposer s'il est possible,
» pour l'accoutumer et donner le temps au pied de se reposer; car il
» arrive à plusieurs chevaux de feindre le premier jour qu'ils ont
» été ferrés à neuf, ce qui les fatigue extrêmement.

Conséquences funestes des systèmes vicieux de ferrure,
en général.

Les souffrances qu'éprouve l'homme dont le pied est emprisonné dans une chaussure trop étroite ou trop courte avec laquelle il est forcé de marcher, nous donnent à penser combien doivent être grandes celles qu'une ferrure vicieuse fait ressentir au cheval, privé de la possibilité de retirer son fer ; alors que l'homme se hâte de dégager son pied de la chaussure qui le gêne, le supplice du cheval dure aussi longtemps que l'instrument qui le cause, heureux encore si une ferrure nouvelle aussi vicieuse que la première, ne vient pas le prolonger indéfiniment.

On conçoit que, sous une si terrible influence, l'existence du cheval doit être abrégée considérablement ; la longévité des chevaux domestiques ferrés nous apparaît plus courte que celle des chevaux sauvages et de nos chevaux domestiques non ferrés, par la raison que les premiers sont exempts des moyens barbares de sujétion auxquels l'homme soumet les autres, et surtout par les douleurs constantes auxquelles la ferrure expose presque tous ces derniers.

Tous les chevaux n'étant pas également impressionnables, il est aisé de conclure que les vices de la ferrure exercent des ravages d'autant plus graves que la sensibilité est chez eux plus développée. La dégradation générale de l'espèce chevaline, le dépérissement et la dégénération de certains chevaux de race, doivent être attribués non-seulement au défaut de discernement dans les circonstances qui président aux accouplements, mais encore à l'influence des systèmes vicieux de ferrure, sur les sujets livrés à la reproduction. Les races nobles surtout présentent les traces de ces funestes conséquences.

Procédé imparfait de la ferrure à froid.

Chez beaucoup de cultivateurs et de propriétaires du midi de la France, du Limousin, de la Bretagne, de la Normandie, dans un grand nombre d'établissements, à Paris surtout, il existe une infinité de personnes qui, reconnaissant les vices de la ferrure à chaud, font ferrer leurs chevaux à froid et à l'écurie. Cette exigence de leur part réclame de celle des maréchaux une grande habileté, une précision extrême dans le coup d'œil, pour réussir dans l'exécution, car la difficulté consiste à apprécier exactement et surtout à reproduire loin du pied à ferrer les véritables dimensions que doit avoir le fer destiné à protéger le corne. Ce n'est que par des efforts inouïs qu'ils peuvent donc atteindre leur but.

Ce système de ferrure à froid et à l'écurie est né des inconvénients que nous avons déjà signalés, en traitant de la ferrure à chaud, et du résultat des études en matière hippique auxquelles se livrent aujourd'hui un grand nombre de personnes. Les connaissances répandues depuis une quinzaine d'années par les journaux qui traitent de l'art vétérinaire ont éclairé sur leurs propres intérêts la plupart de ceux qui, par position de fortune et par industrie, usent du cheval dans un but d'utilité ou d'agrément. L'effrayante énergie du calorique sur le pied et sa fatale influence ont dicté la proscription de la ferrure à chaud ; ces considérations expliquent l'empressement avec lequel le procédé de ferrure à froid, à l'aide du podomètre, a été adopté dans l'armée, dans l'administration des haras et dans les écoles vétérinaires.

Lorsque le podomètre était inconnu, nous avons souvent eu occasion de remarquer que certains maréchaux s'aidaient d'un brin de paille ou de bois pour mesurer la longueur du pied de la pince aux talons, et sa largeur en quartiers et en talons. L'apposition du fer brûlant sur ces instruments de mesure empêchait presque toujours l'ouvrier d'atteindre son but, et ne lui donnait jamais le moyen de reproduire exactement la tournure du pied ; ceux qui se servaient du vieux fer après l'avoir détaché, n'étaient guère plus heureux pour reproduire sur le nouveau, la ligne à deux courbures formées par le bord inférieur de la paroi. Car dans le premier cas le fer brûlant consumait la paille ou le bois, et dans le second, le vieux fer était toujours déformé par l'usure et par les efforts faits pour l'enlever, quelques précautions qu'apportât l'ouvrier pour lui conserver sa forme, sa tournure et son degré d'ajusture.

L'usage d'une plaque métallique en tôle ou en plomb sur laquelle, à l'aide de la craie, l'ouvrier cherche à obtenir l'image de la face plantaire du sabot, lui donne un tracé toujours plus grand que ce bord inférieur de la paroi, tracé ne pouvant servir que pour un seul pied.

Rarement les fers façonnés à la forge à l'aide de ces moyens se trouvent en rapport parfait avec le pied. Lorsque le nouveau fer est trop large et lorsque le maréchal s'est rendu auprès du cheval pour le ferrer, il appuie assez ordinairement l'une des branches sur un pavé ou sur tout autre corps dur, et frappant sur l'autre branche avec le brochoir, il cherche à fermer le fer. Cette action faussant plus ou moins l'ajusture, lui fait perdre le degré de coïncidence qu'il doit avoir avec l'ongle, et force l'ouvrier à retoucher aux pieds. Si le fer est au contraire trop petit, abattant la corne avec la râpe, le maréchal achève de mettre le pied en rapport avec les dispositions vicieuses du fer. Dans les deux cas, ces moyens rendent le procédé de ferrure à froid aussi imparfait que celui de la ferrure à chaud.

Dans le but de soulager des pieds qui ont souffert par l'effet de la ferrure, dans celui de protéger l'élasticité des pieds des chevaux de course, enfin pour favoriser la croissance de l'ongle des poulains de races distinguées, quelques praticiens font usage de fers à cheval non métalliques. Cette sorte de chaussure se compose alors de deux fortes plaques en cuir de semelle, réunies par une couture pratiquée à deux ou trois millimètres des bords, ou bien par des clous à tête élargies. Cette sorte de semelle porte six trous ou étampures, dans lesquelles passent les lames des clous qui la fixent au pied. Ces fers, si toutefois on peut leur donner ce nom, durent à peine quinze à vingt jours, et en apparence semblent atteindre le but de la ferrure à froid (1). Mais il est facile de voir qu'un tel système de chaussure n'étant applicable qu'à certains pieds et dans des circonstances exceptionnelles, ne pourrait résister longtemps à l'usure s'ils étaient fixés aux pieds de chevaux de haute stature, à actions lourdes et lentes, travaillant beaucoup, et se livrant à des efforts puissants sur un pavé humide ou sur des terrains durs et rocailleux.

Il n'est pas un auteur ancien et moderne traitant de l'art vétérinaire et de la maréchalerie en particulier, qui n'ait signalé les conséquences d'une ferrure vicieuse, et la nécessité de réformer les moyens imparfaits par lesquels le pied du cheval est trop fréquemment mutilé : pas un seul n'a indiqué un système réparateur de la tendance générale qui porte les ouvriers à changer cette branche de l'hygiène en une source de causes d'accidents et de maladies toujours très-graves.

EXPOSÉ DU SYSTÈME DE FERRURE PODOMÉTRIQUE A FROID ET A DOMICILE.

État actuel de la maréchalerie sous le rapport de l'instruction des ouvriers.

Ferrer le pied du cheval, comprend les actions de préparer l'ongle à recevoir le fer, celle de façonner le fer

(1) Dans le cours de maréchalerie, professé à Alfort, en 1842, par M. Valel, on démontra l'emploi de ces sortes de chaussures ; à l'école

d'après la conformation du pied, enfin celle de fixer le fer sur cet organe.

La ferrure, qui n'est autre chose que l'ensemble de ces opérations, et qui exige des connaissances indispensables, réclame en outre toute l'attention du maréchal, afin de respecter la forme naturelle du pied, les parties organiques que renferme le sabot, et de rectifier progressivement les anomalies qui peuvent se présenter.

D'après Bourgelat (1), « le bon ouvrier ne donne rien » au hasard, il n'agit que d'après les circonstances ; les » moindres différences déterminent ses vues et nulles » causes pour lui ne lui font déroger aux règles que » celles suggérées par l'occasion et par son génie. On » conçoit donc qu'il doit s'éloigner de la vérité et s'exposer » à de graves erreurs s'il marche sans une masse » énorme de connaissances, ou s'il est dans l impossibilité » d'allier aux ressources d'une théorie féconde et » lumineuse, celle d'une pratique judicieuse. »

Nous nous éloignerions de notre but en rappelant toutes les connaissances théoriques et pratiques que doit posséder le maréchal ; nous dirons seulement, et tous les hommes spéciaux le savent, que la classe des maréchaux est loin d'être aussi instruite qu'elle devrait l'être ; qu'au contraire, tous manquent des connaissances premières vers lesquelles cependant on devrait diriger leur intelligence.

de maréchalerie de Saumur, M. Havaux fait connaître à ses élèves les circonstances dans lesquelles on peut faire usage de ces semelles. Il existe même dans l'amphithéâtre de l'école de maréchalerie, de ces semelles de cuir qui ont chaussé les pieds de quelques chevaux.

(1) Bourgelat, Traité de la ferrure, page 3, Paris 1771.

La maréchalerie, qui exerce une influence marquée sur l'espèce chevaline, a dégénéré en une branche d'industrie devenue le domaine exclusif d'une classe d'artisans comptant au moins quarante mille ouvriers. L'apprentissage de cette profession se fait par pure imitation, et explique comment se perpétuent ces pratiques vicieuses de ferrure dont les chevaux souffrent et dont les propriétaires sont victimes. L'apprentissage de la maréchalerie devrait être mieux compris et depuis longtemps mieux dirigé; car il est plus difficile que celui des autres professions, où les ouvriers, pour soulager leur inexpérience, trouvent dans des modèles ou des patrons les moyens faciles de se former. Les maréchaux auraient dû se créer plutôt un instrument qui, dans leurs ateliers, eût représenté le pied des animaux dont ils façonnent la chaussure.

Aujourd'hui l'ouvrier expérimenté, comme celui qui débute, va posséder ce nouvel instrument de maréchalerie; par un procédé facile ils pourront à l'avenir observer rigoureusement les principes d'un art qui cessera d'être d'une imitation aveugle, mais de comparaison raisonnée; puisqu'à l'aide du podomètre comme patron, il se trouvera dans l'obligation de raisonner la préparation du pied dont il a copié exactement la forme.

Le podomètre, instrument articulé, permet au maréchal ferrant; 1° d'apprécier sur nature, avant comme après la première ferrure, la quantité de corne dont le pied doit être débarrassé pour être à l'état normal; 2° de mesurer avec une précision extrême et de reproduire à volonté les dimensions du pied, en saisissant la configuration de son bord plantaire; 3° de s'assurer du degré d'inclinaison et de niveau qu'il doit donner au bord de

cette face plantaire en pince, en mamelle et en talons ;
4° enfin de ménager la facilité de comparer, sans sortir
de l'atelier, jusqu'à parfaite confection, le fer qu'il prépare à l'aide du patron, tout en s'abstenant de conduire
le cheval à la forge.

*Description des instruments employés dans la pratique
du système de ferrure podométrique.*

L'usage du rogne-pied et du boutoir nous a fait re-
chercher des moyens faciles de préparer l'ongle à recevoir le fer sans mutiler le pied, alors surtout qu'il est
livré à des mains maladroites ou peu exercées à pratiquer la ferrure.

Les instruments employés pour ferrer à froid, sont
aujourd'hui : le brochoir, le rogne-pied, le repoussoir,
les tricoises, le couteau ou renette anglaise, la rape
perfectionnée et le podomètre.

Le brochoir, le rogne-pied, le repoussoir et les tricoises, instruments déjà connus de tous les praticiens,
nous dispensent d'en donner ici la description.

Le couteau anglais (1) (drawing-knife) connu par
nos maréchaux français sous le nom de renette anglaise,
est l'instrument dont se servent les ouvriers de Londres
et des environs pour travailler la face plantaire du
pied à la fourchette et à la sole. Ce couteau est composé

(1) Voir ce qu'on a dit page 20, en traitant de la ferrure des Anglais.

d'une lame ressemblant à celle d'une renette double, et d'un manche que l'on tient à pleine main, l'extrémité sortant du côté du pouce quand on s'en sert; il est long de deux décimètres environ, la longueur de la lame est de six à neuf centimètres seulement; elle est tranchante d'un côté, légèrement courbée sur son tranchant vers le milieu de sa longueur. L'extrémité libre de cette lame est relevée en volute.

La râpe perfectionnée a de la ressemblance par sa forme avec la râpe ordinaire. Elle est en acier fondu, du poids d'un kilogramme; sa longueur totale, lorsqu'elle est montée sur un manche, est de quarante-deux à quarante-cinq centimètres; l'une de ses faces est plane, l'autre est légèrement convexe vers les bords; sa largeur de trois centimètres et son épaisseur de quinze millimètres sont partout les mêmes; les deux faces sont dentées transversalement à la manière de l'écouane (instrument employé dans plusieurs métiers où l'on travaille la corne, l'ivoire, le bois, etc., etc.); l'équidistance de la denture est de deux millimètres : cette râpe fonctionne sur le sabot à la manière d'un rabot de menuisier, sans que l'ouvrier ait besoin d'employer beaucoup de force, soit qu'il opère seul en tenant le pied entre les genoux à la manière des Anglais, soit qu'il se fasse aider par un homme, comme dans la méthode ordinaire de ferrure. La trempe de cette râpe doit être douce (1);

(1) L'ouvrier doit éviter de passer la râpe sur le fer, pour ne pas enlever le fil du tranchant de la denture; il abat les bavures de la corne en passant toujours à plat la râpe dans un sens oblique à celui où elle a d'abord été dirigée. On rafraîchit aisément la denture de cette râpe avec un carrelet bien trempé et à grains fins.

cette nouvelle râpe proscrit donc l'usage incommode et dangereux du boutoir et de la râpe ordinaire, dont abusent presque toujours les maréchaux.

Le podomètre, ainsi nommé parce qu'il mesure la face plantaire du pied, sert aussi à en reproduire exactement les dimensions et la tournure naturelles. Il est formé par la réunion d'une série de petites pièces métalliques, ovales, et de même dimension ; cet instrument est en fer, en cuivre, ou en acier. Les pièces qui le composent sont graduées, articulées à la suite les unes des autres ; de telle sorte que, posé à plat sur la face plantaire du sabot, le podomètre se plie facilement et avec précision au contour et à la tournure du pied des animaux domestiques qu'on est dans la nécessité de ferrer.

L'usage du podomètre donne encore le moyen de conserver sur un registre les dimensions métriques, ou le tracé du bord plantaire des pieds qui ont été mesurés une seule fois, et permet d'établir à l'avance plusieurs ferrures pour le même cheval.

MANUEL DU PROCÉDÉ DE FERRURE PODOMÉTRIQUE.

Nous supposons qu'il s'agit de referrer un cheval vieux ferré.

Préparation du pied.

L'ouvrier examine le jeu des extrémités du cheval en marche; il observe, pendant qu'il est arrêté, l'appui du pied sur le sol et la direction des membres sous le rapport des aplombs naturels. Placé ensuite à l'écurie, ou sous le hangar près de la forge, l'aide-maréchal, ayant levé le pied, l'ouvrier armé du rogne-pied et du brochoir, brise avec précaution les rivets des clous, appuie successivement l'extrémité du repoussoir sur celle de leurs lames, les chasse à petits coups, pour les mettre en saillie à la face supérieure du fer et les saisit avec le mords des tricoises pour extraire ces clous les uns après les autres. On évite ainsi l'appui des tricoises sur les talons et les causes du développement des affections pathologiques qui résultent des moyens vicieux indiqués en traitant de la ferrure à chaud (1).

Le vieux fer enlevé, le pied nettoyé et les portions de lames de clous qui se seraient rompues dans la corne, extraites avec précaution, le maréchal, armé de la râpe perfectionnée, fait disparaître au bord plantaire de la paroi l'excédant de corne survenue depuis la dernière ferrure; au moyen du couteau anglais (2), il nettoie la

(1) Pages 20 et 21.
(2) On voit tous les jours à Paris, dans les ateliers de maréchalerie où la méthode de ferrure des Anglais est pratiquée, des ouvriers français faire usage des couteaux drawing-knife et toé-knife, avec une dextérité remarquable.

fourchette et la sole conservant aux arcs-boutants toute leur force, se servant du podomètre pour juger du niveau des talons et des quartiers, et pour apprécier la quantité de corne qu'il doit retrancher en pince et en mamelle dans le but d'atteindre un degré de convexité égal à celui du fer (Planche 1re, figure 1re; et planche 2, figure 3). Le maréchal observe cette dernière prescription lors même qu'il pare le pied à l'aide du rogne-pied et du boutoir, s'il a préféré se servir de ces instruments.

C'est en dirigeant la lame de la râpe, à plat et d'arrière en avant par rapport à lui, que l'ouvrier fait fonctionner cet instrument (1).

Le pied ayant été convenablement paré, le maréchal en prend la mesure en se servant du podomètre; à cet effet l'une de ses extrémités est appuyée sur le point des talons où doit se terminer l'éponge; elle est maintenue par le pouce de l'aide qui tient le pied, tandis que l'ouvrier avec ses deux mains fait coïncider exactement le bord extérieur de l'instrument avec le bord inférieur de la paroi (planche 1re, figure 2e). Il obtient par ce moyen, sur nature, le patron parfait des dimensions et de la tournure du fer à façonner; si le maréchal le juge à propos, il ménage alors la garniture qu'il veut donner à la branche externe du fer, ou bien il attend, pour donner cette garniture, le moment où, à la forge, il compare le fer au patron.

(1) Dans les ateliers de Paris et dans ceux de province, où nous avons fait l'essai de la râpe perfectionnée, il a fallu un très-court apprentissage pour mettre les maréchaux en état de faire fonctionner cet instrument avec tout l'avantage désirable.

En transportant le podomètre (patron du pied), à la forge, l'ouvrier évite d'en déranger la disposition.

Lorsque la forge est éloignée de l'écurie, de l'endroit où se trouve le cheval, et qu'il y a plusieurs pieds à ferrer, le maréchal est dans l'obligation de reproduire sur une feuille de papier, sur un registre ou sur un calepin la configuration du pied mesuré. Il la trace aisément en posant le podomètre sur le papier, et en suivant avec un crayon le pourtour extérieur de l'instrument, qui, comme nous l'avons déjà démontré, représente le bord inférieur de la paroi. Ce dessin dispense de mesurer le pied toutes les fois que le cheval a besoin d'une nouvelle ferrure.

Si l'ouvrier n'a pas sur lui le podomètre, il trouve un autre moyen plus simple encore et aussi parfait de prendre l'image du pied. Pour cela, il applique une feuille de papier sur la face plantaire de l'ongle paré, et il exerce circulairement une pression suffisante pour en obtenir l'empreinte (planche 2, fig. 2); un trait au crayon ou à la plume fixe sur cette feuille les dimensions du pied, que le podomètre reproduit ensuite facilement à l'atelier de la même manière, et avec la même précision que si cet instrument avait été apposé sur le sabot.

Cette représentation du bord inférieur de la paroi sur le papier n'est qu'une opération accessoire; celle qu'on exécute avec l'instrument est essentielle et constitue le principe, car la disposition du podomètre est toujours la représentation du fer à façonner.

Le patron du pied, obtenu par l'empreinte sur le papier, peut être découpé avec des ciseaux et peut remplacer le podomètre pour tracer sur le registre de forge les dimensions et la tournure naturelles du bord plantaire de l'ongle (planche 2, figures 1re et 2e). On évite par ce moyen les erreurs, quand on confectionne les fers pour des pieds qu'on doit referrer (1).

Préparation du fer.

Le pied une fois préparé, prêt à recevoir le fer et mesuré, il y a cessation provisoire de rapports entre le maréchal et le cheval jusqu'au moment où il revient pour le fixer au pied.

De retour à la forge, le maréchal ne tarde pas à trouver parmi les fers bruts, prêts à être ajustés, ceux qui ont les dimensions les plus approchantes de l'image représentée par le podomètre. Après les avoir chauffés, il refoule les éponges de ces fers et il les ajuste convenablement ; tenant compte des observations recueillies sur l'état du pied (2).

Au moyen du ferretier, dont l'action est dirigée sur la face supérieure du fer, de la rive externe à la rive interne vers la voûte, le maréchal lui donne le degré de concavité que réclame le pied. Il met ensuite de niveau les branches du fer dont l'épaisseur va graduellement en diminuant jusqu'à l'extrémité des éponges où elle n'est plus que de la moitié de l'épaisseur de la pince.

---

(1) Le maréchal ne peut pas se servir du patron en papier, quand il ajuste les fers à chaud, sans courir le risque de le brûler en les mettant en contact.

(2) Voir page 19, ce qui concerne l'ajusture.

Enfin le maréchal compare la tournure du nouveau fer avec celle que représente le podomètre, afin qu'elle soit exactement conforme à celle du pied. Lorsque le fer est en rapport parfait avec le podomètre, et qu'il a reçu le degré d'ajusture convenable, il est plongé dans l'eau et refroidi. Les bavures sont enlevées ensuite avec la lime, et l'ouvrier abat légèrement l'angle saillant des éponges et l'arète des rives externes de la branche du dedans.

Pour façonner le fer du pied opposé, le maréchal renverse le podomètre sans rien changer à sa disposition, et il procède de la même manière qu'il l'a fait pour le premier.

Chaque fer, ainsi établi et ajusté, est présenté au pied avec lequel il est très-rare qu'il ne coïncide pas parfaitement ; s'il y a cependant quelques rectifications à opérer, elles ne peuvent être que de peu d'importance et relatives seulement à quelques incorrections sur le bord de la paroi. L'ouvrier rétablit cette irrégularité avec la râpe, dont le côté convexe sert à pratiquer en pince sur le sabot l'échancrure destinée à recevoir le pinçon levé sur le fer.

Fixation du fer sur le pied.

Quand la coïncidence du fer sur le pied est parfaite, l'ouvrier fixe cette semelle métallique au moyen des clous, comme on est dans l'usage de le pratiquer dans les autres méthodes de ferrure.

Les étampures d'un fer établi avec le secours du podomètre sont toujours en rapport avec la ligne de la paroi sur laquelle doivent être brochés les clous ; il suffit à l'ouvrier d'avoir la précaution de faire sortir la lance à une hauteur égale de trente à quarante millimètres , et de conserver assez de force aux rivets pour rendre son adhérence parfaite.

Observations sur les résultats de la ferrure podométrique.

La pratique de ce système de ferrure ne tarde pas à prouver la vérité des avantages qu'il procure au cheval ; car cet animal n'a pas à redouter les effets pernicieux du calorique, ceux du boutoir, ni ceux qui résultent des clous implantés trop près des parties organiques dont la sensibilité est extrême.

Dans la ferrure des pieds à corne dérobée, affaiblie ou mutilée, dans celle des pieds atteints d'affections pathologiques, l'usage du podomètre offre un secours précieux, puisqu'il permet de reproduire les dispositions particulières des fers qui sortent de la règle ordinaire, et qu'il n'expose pas ces pieds aux effets réitérés du calorique dont l'influence aggravante prolonge ou empêche la guérison.

C'est pour ces motifs que nous avons avancé que l'ouvrier était, malgré lui, ramené aux vrais préceptes de la maréchalerie et forcé de raisonner ses opérations. Ce travail d'intelligence, lors même que ses connaissances seraient très-bornées , finit insensiblement par les étendre, et fait naître dans son esprit le désir de se livrer de plus en plus à l'étude du pied. La régularité et la facilité d'exécution de son ouvrage flatte son amour-propre et l'encourage à approfondir les secrets de son art.

Les observations, recueillies à ce sujet sur les maréchaux qui ont opposé le plus de résistance dans l'adoption du procédé de ferrure podométrique , ont prouvé ce fait, et nous donnent le droit d'avancer que tous ceux qui voudront abandonner pour un instant leurs routinières habitudes ne tarderont pas à reconnaître la supériorité d'un système de ferrure contre lequel ils se sont d'abord élevés avec partialité.

Le procédé de ferrure podométrique demande à être consciencieusement étudié pendant quelques instants pour prouver à ceux qui le repoussent, qu'il est de tous les systèmes de ferrures pratiqués jusqu'ici , le seul à adopter exclusivement; car il offre au maréchal des avantages physiques et pécuniaires en même temps , qu'il atteint le but de la maréchalerie.

Le manuel de la ferrure à froid devient donc le plus facile et le plus parfait de tous , tandis qu'il était auparavant d'une pratique difficile pour l'ouvrier et dangeureuse pour le cheval.

Difficultés supposées que semble d'abord offrir la pratique de la méthode de ferrure podométrique.

Si l'on opposait aux avantages résultant de l'usage du podomètre dans la ferrure à froid , la difficulté qu'éprouvent dabord les ouvriers dans l'opération de parer l'ongle, et la difficulté du mesurage des pieds présentant des alterations au bord de la paroi ou à la sole, nous invoquerions l'intervention des nombreux témoins de toutes les classes, qui ont vu multiplier toujours avec succès les expériences faites à ce sujet, ils ont attesté dans ces circonstances la facilité avec laquelle ces obstacles ont été levés par les ouvriers les plus médiocres auxquels on a fait pratiquer pour la première fois ce nouveau procédé de ferrure. Les cas heureusement rares des maladies du pied, ou des accidents qui altèrent la face plantaire du sabot, sont loin de créer une difficulté pour le maréchal, car en saisissant, au moyen d'une feuille de papier, la configuration du pied et de ses anomalies, il obtient aussi avec la même précision les circonscriptions des parties affectées, sans qu'il soit nécessaire de savoir pour cela écrire et dessiner; un trait au crayon suffit pour indiquer les points sur lesquels les étampures deviennent inutiles par l'impossibilité de brocher des clous dans la partie correspondante où la paroi a été altérée.

Le Podomètre donne au propriétaire du cheval, le moyen facile et infaillible de s'assurer de la confection convenable du fer, sans qu'il soit praticien ou hippiâtre; il peut rectifier les défauts de la chaussure métallique et forcer ainsi l'ouvrier inattentif ou inhabile, à corriger les erreurs dont le cheval aurait à supporter les funestes conséquences.

*Résumé des principaux avantages assurés par le
procédé de ferrure podométrique.*

On peut résumer de la manière suivante les avantages
qui découlent de la pratique ou système de ferrure à l'aide
du podomètre :

Inutilité de conduire le cheval à la forge pour le
ferrer, puisque cette opération est praticable à l'écurie,
et si l'on veut même au milieu de son travail.

Préparation méthodique du pied sans qu'il soit exposé aux blessures, sans fausser les aplombs des membres,
sans mettre l'aide-maréchal et l'ouvrier lui-même en
danger d'accidents graves.

Assurance du bien-être moral du cheval, en ce qui
résulte des causes dépendantes de la ferrure vicieuse et des
procédés barbares mis en jeu pour contraindre cet
animal à la patience et à l'immobilité sans lesquelles il
est difficile et parfois dangereux de le ferrer.

Régularité parfaite de l'appui du pied sur le fer, et
du membre sur le sol par la disposition convenable du
bord inférieur de la paroi et la coïncidence avec le
fer.

Moyen simple et infaillible de ménager en pince et en
mamelle, d'après la conformation du pied, le degré d'inclinaison et de convexité que doivent affecter ces parties
de l'ongle (planche 2, Fig. 3.

Conservation dans leur intégrité des parties organiques, de l'intérieur du pied et de l'ongle qu'altérait

toujours plus ou moins le calorique, lors de la pratique de la ferrure à chaud.

Cessation des désordres pathologiques résultant de l'influence du calorique par suite de l'inutilité d'apposer le fer brûlant sur le pied.

Facilité de rectifier d'une manière progressive et bien raisonnée les difformités naturelles ou accidentelles de l'ongle.

Inutile de retoucher au pied après qu'il a été disposé pour être ferré.

Conservation de la forme normale des pieds bien conformés au moyen de fers calqués sur nature et préparés au moyen des patrons des pieds.

Moyen de conserver toute la force naturelle de la paroi à son bord plantaire par la suppression de la râpe ordinaire.

Pratique facile et sans efforts d'intelligence des principes vrais de la ferrure pour l'ajustage et la préparation des fers parfaitement conformes aux dimensions et à la tournure des pieds sains ou malades.

Économie de forces et de combustibles pour le praticien par l'absence des tâtonnements et des déplacements fréquents de l'ouvrier, exigés pour la comparaison du fer avec le pied et pour la confection du fer dont le patron placé à portée permet de saisir avec facilité les rectifications à faire pour le mettre parfaitement en rapport avec l'état de l'ongle.

Bénéfice assuré par le système de ferrure podométrique aux établissements qui emploient le cheval dans les travaux de toute nature et surtout à l'armée dans les circonstances de guerre.

Enfin, absence des causes de claudication résultant de l'application des fers hors de proportion avec les pieds.

———

CONCLUSIONS.

D'après l'exposé du procédé de ferrure podométrique et l'énumération des avantages que nous venons de faire, il reste démontré que la maréchalerie française entre dans une nouvelle voie de progrès, et l'on doit en conclure que les différents services publics, le commerce, l'agriculture, tous les genres d'industrie et l'armée vont participer au bénéfice d'une découverte dont l'importance n'est point douteuse à l'avenir. Quiconque possède un cheval ne le livrera plus à la discrétion d'une classe d'ouvriers qui depuis tant de siècles compromet l'une de nos plus importantes sources de richesse nationale.

Les accidents qui entravent si fréquemment les travaux du cheval et qui sont la conséquence de l'impéritie des maréchaux ayant leur terme, on doit avoir la certitude que le moral de cet animal si précieux ne sera plus aigri par les souffrances physiques auxquelles il était en proie à la forge, et que le temps si nécessaire à ses repas ainsi qu'à la réparation de ses forces sera dorénavant utilement employé.

Les haras et les établissements équestres où le zèle et une sollicitude constante président à l'élève, à l'éducation et à la conservation des races nobles du cheval, recevant les bienfaits du nouveau mode de ferrure, nous font avec raison penser que ceux qui les dirigent, recueilleront bientôt le fruit de leurs efforts. A l'avenir le poulain de distinction ne portera plus les traces ineffaçables des terribles effets des premières ferrures qu'aura reçues son pied, puisque chaussé loin du bruit de la forge et toujours d'après la forme naturelle de l'ongle il ne sera plus exposé aux impressions pénibles des traitements exercés sur lui par l'homme; son pied exempt de gêne et d'accidents, conservera sa forme normale et les autres propriétés que lui a données la nature; on n'aura pas plus de difficultés à ferrer le jeune cheval qu'on en éprouve à le brider.

Dans les écoles vétérinaires où la maréchalerie forme l'une des branches essentielles de l'instruction, le podomètre suppléera au défaut d'habileté de la plupart des élèves. La ferrure, cette partie de l'hippiatrique que les élèves considèrent comme partie secondaire de l'art de traiter les animaux, ne sera plus négligée; après leur sortie de ces établissements, tout en se livrant à la pratique de l'art vétérinaire, ils cultiveront davantage la maréchalerie.

Le procédé de ferrure podométrique, approuvé à l'unanimité par les sommités hippiques que possède la France, donne le droit de croire que les préventions aveugles disparaîtront sans peine chez les maréchaux les plus habitués à la pratique des systèmes anciens de ferrure, et qu'ils ne tarderont pas à se ranger du côté des juges consciencieux et éclairés, qui lui ont accordé dès son début la supériorité sur toutes les autres méthodes.

Résultats obtenus jusqu'ici dans les nombreuses expé-
riences faites pour prouver la supériorité de la mé-
thode de ferrure podométrique.

Des accidents graves, causés sur le pied de plusieurs
chevaux de troupe, par l'effet du calorique, ayant forcé
de faire usage de la ferrure à froid, M. Budan de Russé,
colonel commandant le 7e régiment de dragons, nous
autorisa vers la fin de 1838, à faire usage du podomètre,
que nous perfectionnâmes depuis.

Lors de l'inspection générale de 1839, nous fîmes
connaître à M. le lieutenant général de Sparc le nouveau système de ferrure à l'aide du podomètre. Cette
découverte, et les premiers succès qu'elle avait obtenus,
furent signalés à M. le ministre de la guerre qui ordonna
à l'École royale de cavalerie d'examiner le nouveau procédé de ferrure à froid, et autorisa le 7e régiment de
dragons, à l'éprouver aussi sur une plus grande échelle.

Au mois de novembre 1839, le maréchal de camp
commandant l'école de cavalerie, satisfait des épreuves
auxquelles le procédé de ferrure podométrique avait
été soumis à Saumur, nous félicita sur l'utilité de la
découverte, déclara qu'elle faisait opérer une révolu-
tion en maréchalerie et considéra ce système de ferrure
comme ayant déjà triomphé des obstacles qu'il devait
rencontrer dans son adoption exclusive.

A la même époque, le 7e régiment de dragons, proscrivit
définitivement la ferrure à chaud, et adopta le nouveau
procédé. L'École royale de cavalerie imita cet exem-

ple. Pendant l'hiver de 1839 à 1840, plusieurs propriétaires de la Touraine firent ferrer leurs chevaux à domicile d'après ce système. L'un d'entre eux, M. de Clinchamps, maître de Poste à Amboise, soumit un relais de cinq chevaux à des expériences qui réussirent parfaitement.

Appelés à Paris au printemps de 1840, nous fûmes invités par plusieurs régiments de cavalerie à leur faire connaître le procédé de ferrure au moyen du podomètre, et, pratiquée devant MM. les généraux inspecteurs et les membres du comité de la cavalerie, cette méthode fut à l'unanimité reconnue parfaite.

L'école vétérinaire d'Alfort, dans sa séance d'examen du 7 mai 1840, proclama l'invention du podomètre, comme un progrès fait en maréchalerie, et signala, dans son rapport à M. le ministre de l'agriculture et du commerce, l'importance des avantages que le cheval doit en retirer.

Dans le but de propager cette méthode, M. le ministre du commerce a fait depuis l'acquisition de cent podomètres pour être immédiatement distribués dans les écoles vétérinaires, dans celles d'agriculture, et dans les différents haras royaux.

A l'imitation du 7ᵉ régiment de dragons, et de l'école royale de cavalerie qui ont pris l'initiative, plusieurs officiers généraux ont adopté ce système de la ferrure podométrique pour leurs chevaux. Les 5ᵉ et 9ᵉ régiments de cuirassiers, les 1ᵉʳ et 5ᵉ dragons, les 3ᵉ et 7ᵉ lanciers, les 10ᵉ chasseurs, et 3ᵉ de hussards, après de nombreuses expériences nous ont félicité et remercié de leur avoir fait connaître un procédé de

ferrure que tous les hommes de cheval les plus renommés ont voulu aussi étudier.

Une commission militaire, chargée par M. le ministre de la guerre d'expérimenter sur ce genre de ferrure, est
occupée depuis plusieurs mois, à en examiner scrupuleu-
sement les avantages. Sous peu de temps, il faut l'es-
pérer, cette commission permettra à la cavalerie entière
de participer à l'avantage dont jouissent déjà plusieurs
corps de troupes. Cet avantage sera doublé pour eux dans
les circonstances, souvent très-difficiles, où se trouve
cette arme à la guerre.

Après MM. les généraux de cavalerie, et les hommes
de cheval qui se sont trouvés à Paris pendant le printemps de 1840, et qui ont eu occasion d'examiner le
procédé de ferrure podométrique, nous citerons plusieurs des maîtres de poste, établis sur la route de
Paris à Bordeaux, des propriétaires opulents, qui ont
quitté leurs travaux pour aller à Tours recueillir des
observations sur la ferrure des chevaux de troupe, qui
les premiers ont été ferrés d'après ce moyen; des éleveurs de
chevaux, justement renommés, des employés de la direction des haras, et quelques étrangers.

Il n'est pas une des personnes qui ont étudié cette
partie importante des moyens de conserver le cheval, qui
ne soit convaincue du prix de la découverte dont vient
d'être enrichie la science vétérinaire.

EXPLICATION DES FIGURES.

PLANCHE PREMIERE.

Figure 1re. Pied d'un cheval, vu de face, paré et prêt à être mesuré.

Figure 2e Pied vu de face, et podomètre appliqué sur la face plantaire, prenant les dimensions et la tournure.

PLANCHE DEUXIEME.

Figure 1re. Patron en papier des dimensions du pied prises sur nature, et placées sur le registre de forge, pour indiquer la courbe du bord inférieur de la paroi ; la ligne droite indique le bord du folio du registre.

Figure 2e. Empreinte du bord plantaire de la paroi obtenue sur le pied au moyen d'une feuille de papier qui masque la partie de l'ongle non visible. La place, occupée par le bord de cette feuille de papier, indique les points des talons où doivent arriver l'extrémité de chacune des éponges du fer.

Figure 3e. Position du podomètre sur le pied, vu de profil, pour servir à estimer le degré de convexité de la paroi en pince et en mamelles.

Figure 4e. Position du fer sur le podomètre, vu de profil, pour servir à apprécier le degré d'ajusture du fer.

ERRATA. Page 27, ligne 14, désolent la paroi ; lisez *désunissent*.
Page 34, à la note, ligne 1re, M. Havaux ; lisez *Harous*.

TABLE.

FIN DE LA TABLE.

TOURS, IMP. DE MAME.